D0198626

WOLFGANG BORSICH

LANZAROTE
& CÉSAR MANRIQUE
7 MONUMENTOS
7 BAUWERKE   7 BUILDINGS

PRÓLOGO

"Una de las preocupaciones fundamentales que ha orientado mi trabajo artístico ha sido intentar conseguir la integración armónica de los conceptos y formas de la pintura, escultura y espacios en la Naturaleza. Creo que esta vía de integración de la mayor cantidad posible de elementos artísticos – color, texturas, dimensiones, ambientes, proporción … – puede servir para lograr mayor disfrute estético y calidad de vida. Es necesario crear y actuar en libertad, romper con formulismos y ampliar el concepto del arte a la vida diaria del hombre, programando espacios no hostiles, según el modelo de integración Arte-Naturaleza/Naturaleza-Arte."

César Manrique, 1992

Es imposible imaginarse la isla tal y como es hoy sin César Manrique. Su influencia y su obra han marcado el aspecto externo de la isla.
La obra de César Manrique está llena de vitalidad, color y luz, no hay nada sombrío, tanto en su pintura y en sus esculturas como en sus obras arquitectónicas de las que hablaremos aquí: siete monumentos en Lanzarote.
La arquitectura de Manrique ligada al paisaje es afirmadora de la vida, generosa y de gran modestia a la vez. Creó con fuerza estética y gusto seguro lugares de sosiego, de reflexión, también de meditación, siendo mensajeros de alegría y silencio.
Los lugares por él configurados son siempre lugares humanos. Se esforzó en descubrir lo hermoso y hacerlo visible para todos, sin que la belleza se convirtiera en un fin absoluto. Ella va enlazada con la verdad y con los orígenes.

VORWORT

„Eines der wichtigsten Anliegen, welches meine künstlerische Arbeit bestimmt hat, ist der Versuch, eine Harmonie zwischen Formen und Ideen der Malerei, der Bildhauerei und den Räumen in der Natur zu erreichen. Ich meine, daß dieser Weg der Zusammenführung der höchstmöglichen Anzahl von künstlerischen Elementen, Farben, Gewebestrukturen, Ausmaßen, Ambiente, Proportionen … – zu größerem ästhetischem Genuß und Qualität des Lebens führt. Man muß in Freiheit schaffen und handeln, mit Formeln brechen und den Kunstbegriff auf das tägliche Leben des Menschen erweitern, und dabei unfeindliche Räume formen, nach dem Beispiel der Einheit Kunst-Natur/Natur-Kunst."

César Manrique, 1992

Lanzarote wäre so, wie es heute ist, ohne César Manrique nicht denkbar. Sein Einfluß und sein Wirken haben das Gesicht der Insel geprägt. César Manriques Werk ist voller Vitalität, Farbe und Licht, es gibt nichts Düsteres. Das gilt für seine Malerei und seine Skulpturen genauso wie für seine Bauwerke, von denen hier die Rede sein soll: sieben Sehenswürdigkeiten auf Lanzarote. Manriques landschaftsbezogene Architektur ist lebensbejahend, ist großzügig und gleichzeitig von großer Bescheidenheit. Mit ästhetischer Kraft und sicherem Geschmack schaffte er Stätten der Muse, der Besinnung, auch der Meditation. Sie vermitteln Freude und Stille. Seine von ihm gestalteten Orte hat er immer mit Menschlichkeit bedacht. Er war bemüht das Schöne zu entdecken und für alle sichtbar zu machen, dabei geriet ihm Schönheit nie zum Selbstzweck. Sie ist bei Manrique verbunden mit Wahrheit und mit ursprünglicher Originalität.

FOREWORD

"One of the fundamental preoccupations which has guided my artistic work has been to try to achieve harmonious integration of the forms and ideas of painting, sculpture and spaces into nature. I believe that this way, of integrating the greatest possible number of artistic elements – colour, texture, dimension, ambience, proportion … leads to a greater aesthetic enjoyment and quality of life. It is necessary to create and act in freedom, to break with formulae and extend the concept of art to everyday human life, to create non-hostile spaces modelled on the integration of art into nature, and nature into art."

César Manrique, 1992

Without César Manrique, Lanzarote would scarcely be what it is today. It is his influence and his work that have shaped the island. César Manrique's work is full of vitality, colour and light; there is nothing gloomy in it, either in his paintings or sculptures, or in the buildings he designed. It is the buildings – seven sights on Lanzarote – we will be looking at here.
Manrique's life-affirming architecture relates to the landscape; it is generous but at the same time deeply modest. With great aesthetic powers and unerring taste he created places for the muses, places of contemplation, indeed of meditation, which radiate joy and tranquillity. The places he created he always endowed with humanity. He strove to discover the beautiful and make it visible to all: yet this never became beauty for beauty's sake. With Manrique, it always joins with truth and intrinsic originality.

JAMEOS DEL AGUA

Al Norte de Lanzarote, al pié del volcán Monte Corona, cuya última erupción fué hace 3000 años, comienza uno de los sistemas de cuevas y tubos más interesante del mundo.

Es un gusano sinuoso de seis kilómetros de longitud que conduce hasta el mar y por debajo de su suelo a una profundidad media de cincuenta metros lleva hasta Roque del Este, cumbre de uno de los volcanes surgidos del fondo del mar.

Durante la erupción del Monte Corona rodaba una ancha corriente de lava hacia la costa oriental continuando hasta el mar. Bajo la superficie solidificada rápidamente de la piedra líquida se formó una cadena de burbujas volcánicas, cuevas y tubos. A esta cadena pertenecen La Cueva de Los Verdes y Los Jameos del Agua, situado a 250 m de la costa nordeste.

La palabra Jameo significa cavidad, hondonada, burbuja volcánica reventada. El jameo se forma al precipitarse el techo del túnel lo que suele suceder cuando éste pasa de veinte metros de anchura, o bien los gases acumulados producen una explosión.

Los jameos son quienes delatan la presencia de los tubos volcánicos y a través de varios de ellos se puede observar el recorrido de tales tubos.

Jameos del Agua fue la primera atracción arquitectónica diseñada por César Manrique en 1968.

La entrada a la primera burbuja volcánica, al Jameo Chico, la forma un antiguo remo de madera. Descendiendo al restaurante, una antigua hondonada, impresiona la flora tropical colocada artísticamente y la unión de la naturaleza y del diseño, todo ello acompañado de música suave y esférica.

Im Norden Lanzarotes, am Fuße des Vulkans Monte Corona, dessen Ausbruch etwa 3000 Jahre zurückliegt, beginnt eines der interessantesten Röhren- und Höhlensysteme der Welt. Es führt in gewundener Form auf einer Strecke von sechs Kilometern hinunter zum Meer und unter dem Meeresboden in einer mittleren Tiefe von fünfzig Metern hinüber zum Roque del Este, Gipfel eines vom Meeresboden aufsteigenden Vulkans.

Während des Ausbruchs des Monte Corona wälzte sich ein breiter Lavastrom zur Ostküste, die er so weiter ins Meer hinausschob. Unter der rascher erstarrenden Oberfläche des fließenden Gesteins bildete sich eine Kette von Vulkanblasen, Höhlen und Röhren. Zu dieser Kette gehört, wie die Cueva de los Verdes, das 250 Meter von der Nordostküste entfernte Los Jameos del Agua.

Das Wort Jameo bedeutet Einhöhlung, Kessel, geplatzte Vulkanblase. Ein Jameo bildet sich beim Einsturz der Tunneldecke, was vor allem geschieht, wenn der Tunnel eine Breite von zwanzig Metern überschreitet, oder angesammelte Gase zur Explosion kommen. Durch solch ein Jameo erst wird die Anwesenheit der Vulkanröhren verraten und durch mehrere Jameos können wir den Verlauf der Vulkanröhren sehen.

Jameos del Agua wurde 1968 die erste von César Manrique gestaltete architektonische Attraktion Lanzarotes. Ein ausgedientes hölzernes Schiffsruder bildet das Eingangstor zur ersten Vulkanblase, dem Jameo Chico. Steigt man hinab in den zum Restaurant umfunktionierten Kessel, begleitet von sanfter, sphärischer Musik, beeindruckt die kunstvoll angelegte tropische Flora

In the North of Lanzarote, at the foot of the volcano Monte Corona, which erupted around 3000 years ago, begins one of the most interesting systems of underground passages and caves in the world.

It winds its way down to the sea over six kilometres, continuing under the seabed at an average depth of fifty metres, across to the Roque del Este, the peak of a volcano rising from the seabed.

When Monte Corona erupted, a broad stream of lava writhed down to the east coast, pushing the shoreline out into the sea. Under the fast-petrifying surface of the liquid rock, a chain of volcanic bubbles formed, creating caves and passages. The Cueva de los Verdes is a part of this chain; so too is Los Jameos del Agua, 250 metres from the north-eastern coast.

"Jameo" means hollow, bowl, burst volcanic bubble. A jameo is formed when a tunnel ceiling collapses, which most often occurs when the width of the tunnel exceeds twenty metres, or when gases that have accumulated explode.

Only a jameo betrays the presence of volcanic passages; if there are several jameos, we can trace the route the passages take.

In 1968, the Jameos del Agua became the first architectonic attraction of Lanzarote to be shaped by César Manrique.

A disused wooden ship's rudder forms the entrance to the first volcanic bubble, the Jameo Chico. As visitors descend into the bowl, which has been transformed into a restaurant, they are welcomed by soft, celestial music, and marvel at the artistically arranged tropical flora and the unity of nature

ESPAÑOL

Jesús Soto y Luis Morales, los dos constructores, pusieron en práctica las ideas de César Manrique. Continuando el descenso se llega a un túnel enorme, con apariencia de nave de iglesia, de veintiún metros de altura, diecinueve de anchura y sesenta y dos de largo.

Aquí yace un lago de agua salada, cuyo fondo se encuentra por debajo del nivel del mar. El mar puede penetrar en este espacio, debido a la permeabilidad de las formaciones basálticas y de la fuerza compensadora de la presión hidrostática. El lago no es muy profundo. Su nivel sube o baja según sea pleamar o bajamar.

A través de un agujero en el techo de la cueva, surgido seguramente a causa de una explosión de gas, penetran los rayos solares, haciendo relucir el lago oscuro en colores turquesa, unas veces azul negruzco y azul acero, y otras veces verde metálico.

La entrada de luz por las dos burbujas volcánicas al fin del túnel y a través del agujero del techo, hace que se formen diatomeas. Algunas especies animales permanecen aquí por algún tiempo o para siempre.

Así los pequeños cangrejos albinos (munidopsis polimorpha), blancos, ciegos, sensibles al ruido y a la luz que se han convertido en el símbolo de este lugar. Viven en el fondo del lago, son crustáceos de tres centímetros de largo y diez extremidades y por su constitución pertenecen a los mares profundos.

La existencia de estos cangrejos en Los Jameos no ha podido ser aclarada hasta hoy.

Subiendo por una escalera serpenteada a la próxima burbuja volcánica, el Jameo Grande, de cien metros de largo y treinta de ancho, se llega a un jardín

DEUTSCH

und die Einheit von Natur und Gestaltung. Jesús Soto und Luis Morales, beides Baupraktiker, setzten die Ideen César Manriques um.

Steigt man weiter hinab, gerät man in einen gewaltigen Tunnel, der wie ein Kirchenschiff wirkt, einundzwanzig Meter hoch, neunzehn breit und zweiundsechzig lang.

Hier liegt ein Salzwassersee, dessen Grund sich unter dem Meeresspiegel befindet. Wegen der Durchlässigkeit der Basaltformen und der ausgleichenden Kraft des hydrostatischen Drucks kann das Meerwasser in diesen Raum dringen. Der See ist nicht sehr tief, sein Pegelstand steigt und sinkt mit dem Steigen und Sinken von Ebbe und Flut.

Durch ein Loch in der Höhlendecke, das vermutlich bei einer Gasexplosion entstand, fallen Sonnenstrahlen, die den See dunkeltürkis schillern lassen, manchmal blauschwarz und stahlblau, manchmal grün-metallisch.

Durch die Lichtzuführung über die zwei Vulkanblasen an den Enden des Tunnels und durch das Loch in der Decke, entwickeln sich Kieselalgen. Einige endemische und nichtendemische Tierarten halten sich zeitweise oder immer hier auf.

So die kleinen, weißen, blinden, geräusch- und lichtempfindlichen Albinokrebse (Munidopsis polimorpha), die zum Symbol dieses Ortes geworden sind. Sie leben auf dem Grund des Sees, sind drei Zentimeter lange, zehngliedrige Schalentiere, die ihrer Konstitution nach in die Tiefsee gehören. Etwa tausend Meter tief. Das Auftreten dieser Krebse in Los Jameos del Agua konnte bis heute nicht eindeutig geklärt werden.

Steigt man nun in Serpentinen die Treppen hinauf in die nächste

ENGLISH

and design. Jesús Soto and Luis Morales, both practical builders, carried out César Manrique's ideas.

As they continue downwards, visitors enter an immense cavern like a church nave, twenty-one metres high, nineteen wide and sixty-two long.

In it is a saltwater lake whose bed is below sea-level. The permeability of the basalt formations and the compensating force of hydrostatic pressure make it possible for seawater to enter the cave. The lake is not very deep; its level rises and falls with the tides. A hole in the roof of the cave, probably caused by a gas explosion, lets in the sun's rays, which transform the lake into a deep, shimmering turquoise, sometimes blue-black and steel-blue, sometimes metallic-green.

Because air can enter through the volcanic bubbles at either end of the tunnel and through the hole in the roof, diatoms, a type of algae, are able to grow.

A few endemic and non-endemic species of animal also live here either permanently or temporarily, like the small white albino crabs (munidopsis polimorpha), which are blind but sensitive to noise and light, and which have become a symbol of the place. These ten-membered crustacians, three centimetres in length, live on the seabed, and are really adapted to marine depths of 1000 metres. No definitive explanation has yet been found for their occurrence in Los Jameos del Agua. Climbing up the winding staircase to the next volcanic bubble, the hundred-metre-long and thirty-metre-wide Jameo Grande, you will come to a magnificent garden with a generously proportioned swimming-pool. Two bars have been

encantador con amplia piscina. Se han construido dos bares en los nichos de las rocas y las pistas de baile dan testimonio de que Los Jameos del Agua se utilizan también como discoteca y club nocturno.

Al final del Jameo Grande, la parte que da al Monte Corona, se abre una sala de conciertos de corte oblícuo, con arquitectura y acústica admirables, en la que se dan conciertos y actuaciones de ballet. Merece la pena presenciar una actuación en esta sala natural de conciertos, en la que tienen cabida unos 600 espectadores.

Al pié de esta cueva se encuentra un gran escenario, que se prolonga hasta la próxima y última burbuja volcánica accesible al público: el Jameo de la Cazuela, en cuyo extremo surge de la roca agua salada al igual que un manantial en los montes.

Subiendo una escalera en zigzag – otra escalera viene del Jameo Grande – se llega a una especie de adarve que conduce por los laterales de la cueva y termina en una fila de edificios bajos en los que se ha instalado un museo de vulcanología. Muestras de piedras, fotos y cintas de video explican los fenómenos volcánicos.

César Manrique ha vuelto a dejar una vez más un ejemplo de su arte en la sala principal del museo: un relieve de pared abstracto, compuesto con los restos de un antiguo barco pesquero, y que puede ser interpretado absolutamente como la representación de un pesquero nuevo.

Vulkanblase, dem hundert Meter langen und dreißig Meter breiten Jameo Grande, gelangt man in einen herrlichen Garten mit großzügigem Schwimmbecken. Zwei Bars wurden in Felsnischen gebaut, und Tanzflächen zeugen davon, daß Los Jameos del Agua auch als Nachtclub und Diskothek genützt wird.

Am Ende des Jameo Grande, also der dem Monte Corona zugewandten Seite, öffnet sich eine nach unten schräg abfallende Konzerthöhle von bewundernswerter Architektur und Akkustik, in der Konzerte und Ballettabende gegeben werden. Es lohnt sich, einer Aufführung in diesem natürlichen Konzertsaal beizuwohnen. Etwa 600 Sitzplätze wurden eingerichtet. Am Fuße dieser Höhle befindet sich eine große Bühne, die sich bis in die nächste und letzte der Öffentlichkeit zugänglich gemachten Vulkanblase zieht, dem Jameo de la Cazuela, an dessen Ende Salzwasser aus dem Fels entspringt wie aus einer Quelle im Berg. Steigt man die Treppe im Zickzack hinauf – eine zweite Treppe führt vom Jameo Grande aus –, gelangt man in eine Art Wehrgang, der an den Höhlenrändern entlangführt und in eine Reihe flacher Gebäude übergeht, in die ein vulkaneologisches Museum eingerichtet worden ist. Gesteinsproben, Fotos und Videofilme erläutern die vulkanischen Phänomene. Auch in dem Hauptsaal des Museums hat César Manrique noch einmal ein Beispiel seiner Kunst abgelegt: ein abstraktes Wandrelief, gestaltet aus den Resten eines alten Fischerbootwracks, welches man durchaus als die Darstellung eines neuen Fischerbootes interpretieren kann.

built in alcoves in the rock, and as the dance floors show, Los Jameos del Agua is also used as a nightclub and discotheque.

From one end of the Jameo Grande, on the side facing Monte Corona, there opens up a sloping concert cavern. With superb architecture and acoustics, it seats around 600 and is the venue for concerts and ballet evenings. A performance in this concert-hall of nature is well worth experiencing.

At the foot of this cave is a large stage that extends into the next volcanic bubble, the last to be made accessible to the public, called the Jameo de la Cazuela, at one end of which salt-water springs from the rock like a mountain stream.

You can now climb the zigzag staircase – a second staircase leads from the Jameo Grande – to find yourself in a kind of sentry walk leading along the edges of the caves and ending in a series of low buildings that house a volcanological museum. Rock samples, photographs and videos illustrate the volcanic phenomena.

In the main room of the museum, César Manrique has left behind yet another example of his art: an abstract mural relief, created from the remains of the wreck of an old fishing-boat, which can be interpreted as a new fishing-boat.

MONUMENTO AL CAMPESINO

El Monumento Fecundidad al Campesino Lanzaroteño está situado entre San Bartolomé y Mozaga en el centro geográfico de la isla.
Esta escultura abstracta está dedicada a "los esfuerzos olvidados del campesino desconocido de Lanzarote", quienes trabajando dura- e ingeniosamente han creado un paisaje único.
Ténganse en cuenta la agricultura de secano, los campos cubiertos de negro o la zona vinícola de La Geria.
El monumento, de quince metros de altura, fue diseñado por César Manrique y realizado por Jesús Soto en 1968. Fue primeramente soldado y después pintado de blanco, está hecho con antiguos tanques de agua de barcos pesqueros y balandras y representa a un campesino con su ganado.
Al lado se encuentra La Casa del Campesino, un caserío restaurado y ampliado idealmente en el estilo típico, con el que Manrique quería erigir un monumento a la arquitectura campesina, a la que había descubierto para sí y que se había convertido en la base de su propia creación arquitectónica.
En este caserío se encuentran talleres de artesanía: una alfarería, un taller de bordados y una tejeduría. El museo expone herramientas, objetos domésticos, aparatos agrícolas y una cocina antigua completa.
César Manrique, al diseñar la Casa-Museo del Campesino dió gran importancia a que en ella se viera reflejada fielmente la vida antigua en Lanzarote.
Así también en el restaurante, en el que se pueden probar la cocina tradicional canaria, basada en productos y costumbres gastronómicas de los lanzaroteños.

Das Monumento Fecundidad al Campesino Lanzaroteño (Fruchtbarkeit für den lanzarotinischen Bauern) steht zwischen San Bartolomé und Mozaga im geografischen Mittelpunkt der Insel.
Die abstrakte Skulptur ist „den vergessenen Mühen des unbekannten Bauern von Lanzarote" gewidmet, die in erfindungsreicher Schwerarbeit eine einzigartige Landschaft gestaltet haben.
Man denke dabei nur etwa an den Trockenackerbau, die schwarzgedeckten Felder oder an das Weinanbaugebiet um La Geria.
Das fünfzehn Meter hohe Denkmal wurde von César Manrique entworfen und von Jesús Soto 1968 verwirklicht. Zusammengeschweißt (und später weiß lackiert) aus ehemaligen Wassertanks abgewrackter Fischerboote und Kutter, stellt es einen Bauern dar mit seinem Vieh. Nebenan steht das Haus des Bauern (Casa del Campesino), ein renoviertes und idealtypisch erweitertes Gehöft, mit dem César Manrique auch der bäuerlichen Architektur ein Denkmal setzen wollte, die er für sich entdeckt hatte und die Grundlage für sein eigenes architektonisches Schaffen geworden war. In diesem Gehöft befinden sich Werkstätten für Kunstgewerbe: eine Töpferei, eine Stickerei und eine Weberei. Ein Museum zeigt Werkzeuge, Hausrat, Wirtschaftsgeräte und eine komplette antike Küche. César Manrique legte bei seinem Entwurf für das Casa-Museo del Campesino Wert darauf, daß sich das frühere Leben auf Lanzarote originalgetreu widerspiegelt.
So auch in dem Restaurant, wo die traditionelle kanarische Küche probiert werden kann, die auf den Produkten und den Eßgewohnheiten der Lanzaroteños beruht.

The Monumento Fecundidad al Campesino Lanzaroteño (Fertility for the Lanzarotean Farmer) stands between San Bartolomé and Mozaga, at the geographical centre of the island.
This abstract sculpture is dedicated to "the forgotten endeavours of the unknown farmers of Lanzarote", whose inventiveness and hard work have created a unique landscape – as witnessed by the type of dry cultivation practised, the black-coated fields or the wine-growing area around La Geria.
Fifteen metres tall, the monument was designed by César Manrique and made by Jesús Soto in 1968. Constructed by welding together the old water-tanks of wrecked fishing-boats and cutters and painted white, it depicts a farmer with his cattle.
Next to it is the House of the Farmer (Casa del Campesino), a farm that has been refurbished and given typical extensions.
Manrique intended this as a monument to peasant architecture, which had inspired him and become the basis of his own architectural creations.
The farm buildings house craft workshops: pottery, embroidery and weaving. Tools, household and agricultural implements, and a complete old kitchen, are on show in a museum.
When designing his Casa-Museo del Campesino, César Manrique was at pains to reflect faithfully the old way of life on Lanzarote.
This intention also extended to the restaurant, where you can enjoy traditional Canary cuisine based on the produce and the eating habits of the Lanzaroteños.

RESTAURANTE EL DIABLO

El gobierno de Lanzarote estuvo de acuerdo con César Manrique en que era necesario proteger el paisaje volcánico salvaje del Timanfaya. Y consiguieron imponer este propósito en Madrid. La zona fue declarada por decreto Parque Nacional en agosto de 1974.

Ya en 1970 hizo construir Manrique el Restaurante El Diablo en el Islote del Hilario, en aquél punto en el que el subsuelo está más caliente. A diez centímetros de profundidad se mide ya una temperatura de 140°C, a seis metros más 400°C. Y para que no queden dudas a los espectadores se hacen demostraciones convincentes.

Empleados del Parque colocan una horca con ramas secas de retama en una hendidura hasta que prenden fuego. En tubos de hierro que penetran en el interior del suelo se vierte agua que se transforma de inmediato en un géiser de vapor, ascendiente al cielo. Nadie sabe explicar exactamente este fenómeno.

Algunos vulcanólogos suponen que durante las erupciones de 1730 a 1736 masas de magma incandescentes se fijaron en capas más altas del volcán produciendo este calor en la superficie, a pesar de que se enfriaron lentamente. Debido a las altas temperaturas de la tierra sólo se pudieron utilizar en la construcción piedra, metal y cristal. Losas especiales aíslan el suelo. La cocina oculta una sorpresa: recibe el fuego, por lo menos en parte, del volcán. Una chimenea abarca un hoyo de seis metros de profundidad, del que asciende el calor. Encima de este hoyo está colocada la parrilla, midiéndose aquí una temperatura de 300°C.

El comedor acristalado de construcción redonda proporciona una vista maravillosa de la selva volcánica. Este

Die Regierung Lanzarotes war mit César Manriques Vorschlag einverstanden, die wilde Vulkanlandschaft um den Timanfaya zu schützen, sie setzte das Vorhaben in Madrid durch. Im August 1974 wurde das Gebiet vom Landwirtschaftsministerium per Dekret zum Nationalpark erklärt.

Schon 1970 ließ Manrique das Restaurant El Diablo auf den Islote del Hilario bauen, an jener Stelle also, wo es unter der Oberfläche am heißesten ist. In zehn Zentimeter Tiefe beträgt die Temperatur bereits 140°C, sechs Meter tiefer 400°C. Damit keine Zweifel aufkommen, wird die Bergwärme den Zuschauern eindrucksvoll demonstriert. Parkangestellte halten trockenen Ginster an langen Heugabeln in ein Felsloch, bis sich das Gestrüpp entzündet. In die Erde sind Eisenrohre eingelassen, in die Wasser geschüttet wird, das in Sekundenschnelle als Dampffontäne in den Himmel steigt.

Keiner weiß dieses Phänomen genau zu erklären. Einige Vulkaneologen vermuten, es habe sich während der Ausbrüche von 1730 bis 1736 glühende Magmamasse in den höheren Schichten des Vulkans festgesetzt und erzeuge, obwohl sie allmählich erkalte, diese Oberflächenhitze.

Wegen der hohen Erdtemperatur konnten für das Restaurant nur die Materialien Stein, Metall und Glas verwendet werden. Spezialplatten isolieren den Boden. Eine Überraschung birgt die Küche. Sie wird, wenigstens teilweise, vom Vulkan befeuert. Ein sich nach oben verjüngender Kaminbau umfaßt ein etwa sechs Meter tiefes Erdloch, aus dem Hitze aufsteigt. Über dieses Loch ist ein Grillrost geführt. An der Grillfläche sind gemessen: 300°C.

The government of Lanzarote agreed with César Manrique's suggestion that the wild volcanic landscape around the Timanfaya should be protected, and obtained support for this from Madrid. In August 1974, the Ministry of Agriculture issued a decree designating the area as a National Park.

Manrique had already had the Restaurante El Diablo built in 1970, on the Islote del Hilario, the spot where the underground temperature is highest. Only ten centimetres down, the temperature is already 140°C, and six metres below that it is 400°C. In case anyone is in any doubt, spectators are given impressive demonstrations of the heat of the mountain. Park employees use long hay-forks to insert dried gorse in a hole in the rock – the branches catch fire. Iron pipes have been placed in the ground: water is poured into these, and within seconds it shoots upwards in a fountain of steam.

No one has as yet been able to explain this phenomenon. Some volcanologists think that pockets of red-hot magma must have got caught in the upper strata during the eruptions of 1730 to 1736, and it is these that cause the surface heat as they very slowly cool.

Because of the high temperature of the ground, the only materials that could be used for the restaurant were stone, metal and glass. The floor is insulated by special tiles. The kitchen has a surprise in store: it runs (at least in part) on volcanic power. A chimney tapering towards the top surrounds a hole that goes down six metres and through which heat rises. A barbecue has been mounted over it. The temperature measured at the barbecue's surface: 300°C.

paisaje silencioso, fascinador, movido y conmovedor, está integrado en el interior. En el centro se encuentra un patio también acristalado, en el que se halla el tronco de una higuera de aspecto quemado y sobre la ceniza volcánica yace el esqueleto de un dromedario.

Simboliza el destino de Hilario. Según la leyenda vivió aquí en el Islote cincuenta años. Su único compañero fue un dromedario. Se cuenta que Hilario plantó una higuera que nunca dió frutos ya que las flores no se podían alimentar de las llamas.

El restaurante ofrece un aspecto utópico como si fuera una estación del espacio. Parece surgir de la tierra: una especie de morada del diablo. El diablo se convierte en el símbolo del Parque Nacional. En todos los accesos hay colocados, como si fueran señalizaciones, diablos diseñados por Manrique, confeccionados con la madera de barcos desguazados.

El Restaurante El Diablo es punto de partida y meta de la Ruta de los Volcanes, una carretera adecuada hábilmente al paisaje volcánico, que conduce a todos los puntos volcánicos de interés, pudiendo conducir por ella sólamente el personal del parque. Durante el trayecto en autobús se puede oir el relato histórico, citando Don Andrés Lorenzo Curbelo, sacerdote de Yaiza, quien fue testigo de las erupciones:

"El primer día de diciembre del año 1730 entre las nueve y las diez de la noche se abrió de pronto la tierra. Cerca de Timanfaya se erguió una gigantesca montaña escupiendo llamas enormes que ardieron incesantemente durante

Der Speisesaal, ein rundum verglaster Rundbau, gewährt einen herrlichen Blick in die Vulkanwildnis. Diese stille, faszinierende, bewegte und bewegende Landschaft wird in den Raum mit einbezogen. In der Mitte liegt ein ebenfalls verglaster Innenhof. In diesem Innenhof steht ein wie verbrannt wirkender Stamm eines Feigenbaums und auf Vulkanasche liegt das Skelett eines Dromedars.

Symbolisiert wird damit das Schicksal des Hilario. Hier am Islote soll, so die Sage, der Eremit Hilario fünfzig Jahre lang gelebt haben. Einziger Gefährte war ein Dromedar. Hilario soll einen Feigenbaum gepflanzt haben, der nie Früchte trug. Denn, so sagt man, die Blüten konnten sich von den Flammen nicht ernähren.

Das Restaurantgebäude wirkt insgesamt utopisch, wie eine Station aus dem All. Es wirkt, als sei es aus der Erde aufgestiegen: eine Art versenkbare Behausung des Teufels. Der Teufel wird zum Symbol des Nationalparks. An allen Zufahrtsstraßen stehen, sozusagen als Weg- und Hinweiser, von Manrique entworfene und aus dem Holz abgewrackter Schiffe gesägte Teufel.

Das Restaurant El Diablo ist Ausgangs- und Zielpunkt der Ruta de los Volcanes, einer geschickt der Vulkanlandschaft angepaßten Straße, die an alle vulkanischen Sehenswürdigkeiten heranführt und auf der nur ein parkeigener Bus fahren darf. Während der Busfahrt wird der geschichtliche Hergang erklärt, dabei der Pfarrer von Yaiza, Don Andrés Lorenzo Curbelo, Augenzeuge der Eruptionen, zitiert:

„Am ersten Dezembertag des Jahres 1730, zwischen neun und zehn Uhr

The dining-room, a circular building with an all-round window, has a stupendous view of the volcanic wilderness. The silent, dramatic and moving landscape is integrated into the room. There is a central courtyard, also windowed. The courtyard contains the burnt-looking trunk of a fig-tree, and the skeleton of a dromedary lying on volcanic ash. The two symbolize the fate of Hilario. According to legend, Hilario the Hermit lived here on the Islote for fifty years, with a dromedary as his only companion. He is said to have planted a fig-tree which never bore fruit, for, so the story goes, its blossoms could not be nurtured by the flames.

The restaurant building has a Utopian feel about it, like a station in space. It seems to have risen from out of the ground, a devil's dwelling that could sink back down. The devil is indeed the symbol of the National Park. Along all the approach roads, serving as signposts and information boards, stand devils designed by Manrique and made from the wood of wrecked ships.

The Restaurante El Diablo is both the starting-point and the end of the Ruta de los Volcanos, a road sensitively fitted into the volcanic landscape and leading to all the volcanic sights. Only National Park buses are allowed to use it. During the bus-trip visitors are told the history of the place, and the priest of Yaiza, Don Andrés Lorenzo Curbelo, who witnessed the eruptions, is quoted:

"On the first day of December in the year 1730, between nine and ten o'clock in the evening, the earth suddenly opened. Near Timanfaya a gigantic mountain reared up from the lap of the earth. Flames shot upwards and burnt

19 días (…). Pocos días más se abrió una nueva sima de cuyo interior surgieron inmensos ríos de lava cubriendo en su furia Timanfaya, Rodeo y parte de la Mancha Blanca. Avanzando primeramente en forma de remolinos y a la velocidad del agua y más tarde espesa y pesada como la miel, la lava hizo desaparecer los pueblos. Una nueva roca se erguió acompañada por poderosos truenos cambiando la dirección de la lava. Ya no seguía fluyendo hacia el norte sino hacia el oeste. Alcanzó los pueblos de Macetas y Santa Catalina y los derribó. (…) pero el 18 de octubre se abrieron otras tres nuevas simas por encima del ya destruido pueblo de Santa Catalina. Nubes de humo surgieron de su interior y se extendieron por toda la isla. Llevaban ceniza. Por todas partes cayeron grandes gotas de agua. La oscuridad, la ceniza y el humo hicieron huir a los habitantes de Yaiza y sus alredeores más de una vez. (…) Diez días después todo el ganado cayó muerto. El fétido hedor lo había axfisiado. (…) El 16 de diciembre la lava cambió inesperadamente su dirección. Ya no seguía hacia el mar sino hacia el suroeste, quemando el poblado de Chupadero y devastando posteriormente la fértil llanura de Uga. Allí llegó a detenerse y se enfrió. (…) El 25 de diciembre tembló la tierra violentamente y tres días más tarde la lava quemó el pueblo Las Jaretas y destruyó la ermita de San Juan."

abends, brach mit einem Mal die Erde auf. Nahe von Timanfaya erhob sich ein riesenhafter Berg aus dem Schoß der Erde. Flammen schossen hoch und brannten neunzehn Tage unaufhörlich (…).
Wenige Tage danach öffnete sich neuer Schlund und aus ihm stürzten wütende Lavaflüsse auf Timanfaya, Rodeo und einen Teil der Mancha Blanca. Die Lava strömte über die Dörfer weg, anfangs strudelnd und schnell wie Wasser, dann schwer und zäh wie Honig. Unter gewaltigem Donner stieg ein Fels aus der Tiefe und änderte den Weg der Lava. Sie floß nun nicht mehr nach Norden, sondern westwärts. Sie erreichte die Dörfer Macetas und Santa Catalina und malmte sie nieder.
(…) am 18. Oktober öffneten sich unmittelbar über dem verbrannten Santa Catalina drei neue Schlünde, aus denen Rauchwolken kamen, die sich über die ganze Insel verbreiteten. Sie trugen Asche mit sich; überall fielen dicke Wassertropfen. Finsternis, Asche und Rauch vertrieben mehr als einmal die Einwohner von Yaiza und Umgebung. (…)
Zehn Tage nach diesem Ausbruch fiel in der ganzen Gegend das Vieh tot zu Boden. Der stinkende Dunst hatte es erstickt. (…) Am 16. Dezember wechselte die Lava unversehens die Richtung, lief nicht mehr ins Meer, sondern südwestlich, verbrannte die Gemeinde Chupadero und verwüstete danach die fruchtbare Ebene von Uga. Dort machte sie halt und erkaltete. (…) Am 25. Dezember bebte die Erde am stärksten und drei Tage später verbrannte Lava das Dorf Jaretas und zerstörte die Kapelle des Heiligen Johannes."

ceaselessly for nineteen days (…). A few days later a new chasm opened up, and from it furious flows of lava shot out over Timanfaya, Rodeo and a part of the Mancha Blanca. The lava flowed over the villages, at first rapid and swirling like water, then heavy and viscous like honey. With a mighty roar a rock rose up from the deeps and changed the direction of the lava. It now no longer flowed to the north, but to the west instead. It reached the villages of Macetas and Santa Catalina and crushed them beneath its weight. (…) on 18th October three new chasms opened directly above the burnt-out village of Santa Catalina; clouds of smoke issuing from these spread over the entire island. They carried with them ash; fat drops of water fell everywhere. Darkness, ash and smoke more than once chased away the inhabitants of Yaiza and its vicinity. (…) Ten days after this eruption, the cattle dropped dead on the ground in the entire area. They had been suffocated by the stinking fumes. (…) On the sixteenth of December the lava unexpectedly changed direction, and no longer ran into the sea but went south-west, burning the parish of Chupadero and then laying waste the fertile plain of Uga. There it stopped and cooled. (…)
On 25th December the earth shook the most violently and three days later lava burnt the village of Jaretas and destroyed the Chapel of St. John."

MIRADOR DEL RÍO

Mirador del Río está situado en el cabo norte de la isla, a 479 metros de altura, reinando como un nido de águilas sobre Graciosa. La vista hacia las islas Graciosa, Montaña Clara y Alegranza es fantástica.
El responsable de la reconstrucción de esta antigua posición de artillería, Baterías del Río, no fue otro que Manrique. Sin embargo la idea la tomó de un proyecto utópico del arquitecto madrileño Fernando Higueras.
Higueras quiso erigir un pueblo en el monte sobre la Playa de Famara. Un pueblo con ascensores hasta la playa, con nidos de bungalows en las paredes del monte, con calles-túneles. Debido a los frecuentes cortes de luz en Lanzarote, Manrique rechazó la idea y nunca fue llevada a cabo. Pero le sirvió de inspiración para su proyecto del Mirador del Río.
Mandó hacer una excavación en el monte, construyendo en la hondonada un restaurante, y puso dos cúpulas en ese gran espacio, sobre las que se echó tierra creciendo después hierba sobre ellas. Por un tubo sinuoso pintado de blanco se entra en esta sala grande, de cuyas cúpulas cuelgan dos esculturas de Manrique, quien las soldó allí con sus propias manos valiéndose de chatarra, perfiles y armaduras.
Las esculturas parecen moverse como si fueran móviles. No fueron concebidas únicamente como objetos decorativos sino también con motivo de insonorización, lo que no se consiguió del todo.
Al norte hay una ventana panorámica que aparenta ser una ventana hacia el cosmos.

Mirador del Río liegt am Nordkap der Insel, 479 Meter hoch, wie ein Adlerhorst thront es über den nördlich vorgelagerten Inseln: Der Blick hinüber nach Graciosa, Montaña Clara und Alegranza ist überwältigend.
Für den Umbau der früheren Artilleriestellung Baterías del Río war wieder einmal kein anderer verantwortlich als César Manrique. Die Idee allerdings lieferte ein utopisches Projekt des Madrider Architekten Fernando Higueras. Higueras wollte über der Bucht von Famara ein Dorf in den Berg bauen lassen, ein Dorf mit Fahrstühlen zum Strand, mit Bungalownestern hoch in der Bergwand, mit Tunnelstraßen. Wegen damals häufiger Stromausfälle auf Lanzarote war Manrique diese Idee nicht geheuer, sie wurde nie ausgeführt. Aber sie brachte ihn auf seinen Entwurf für Mirador del Río.
Er ließ den Berg aufgraben, baute in die Senke ein Restaurant, ließ über dem großen Raum zwei Kuppen entstehen, auf die Erde geschüttet wurde, dann Gras wuchs. Durch eine gewundene, weiß gestrichene Röhre betritt man diese große Halle, die mit zwei unter den Kuppen hängenden Skulpturen aufgelockert wird. Manrique schweißte sie eigenhändig vor Ort zusammen, aus Altblech, Profilen und Armierungseisen. Die Plastiken scheinen sich wie Mobiles zu bewegen. Sie wurden nicht nur zu dekorativen Zwecken gestaltet, sondern auch zum Schallschutz, was allerdings nicht ganz gelang.
Zum Norden hinaus blickt man durch ein großes Panoramafenster. Dieses Fenster wirkt wie ein Fenster zum Kosmos.

Mirador del Río is on the north cape of the island, 479 metres high. It towers over the islands lying to the north like an eagle's nest, with a stupendous view across to Graciosa, Montaña Clara and Alegranza.
When the former artillery post Baterías del Río was converted, again it was César Manrique who was responsible. The idea itself, however, originated from a Utopian project devised by the Madrid architect Fernando Higueras. Higueras wanted to build a village into the mountain above the bay of Famara, a village with lifts to the beach, and nests of bungalows high up in the mountain-face, and tunnelled roads. Because power failures were frequent in Lanzarote at the time, Manrique felt uneasy about this plan, and it was never carried out. But it gave him the idea for Mirador del Río.
He had a hollow dug out of the mountain and a restaurant built in the hollow. Over the large resulting room he had two domes constructed; these were then covered with soil in which grass grew. A winding, white-painted tube forms the entrance to the great hall, the severity of which is broken up by two sculptures suspended from the domes. Manrique himself welded them on site, from scrap metal, profiles and reinforcing steel.
The sculptures appear to move like mobiles. They were designed not only for decorative purposes, but also as noise dampers, though not entirely successfully.
To the north is a view from a great panoramic window; it is like looking through a window on the cosmos.

CASTILLO
SAN JOSÉ

ESPAÑOL

Ya en 1968 después de su regreso a la isla sugirió César Manrique la reedificación del castillo y la instalación en él del Museo Internacional de Arte Contemporáneo.
Esta fortaleza fue construida en los años de 1776 a 1779, no precisamente para defender militarmente el Puerto de Naos ya que no había nada más que defender. Más bien prestó con ello el Rey Carlos III ayuda contra el hambre, ya que de 1703 y 1779 sufrieron constantemente los lanzaroteños gran necesidad.
Situación que aún se dificultó más por las violentas erupciones volcánicas que trajeron la ruina y devastaron el suelo fértil entre 1730 a 1736. Con la Fortaleza del Hambre intentó la corona española crear puestos de trabajo y ayudar a la supervivencia. Claudio Lisle hizo construir la fortaleza setenta metros por encima del Puerto de Arrecife.
Hasta 1890 se utilizó la fortaleza como almacén de pólvora, después estuvo vacía.
Fue César Manrique quien descubrió el sentido de este edificio y quiso conservarlo como documento histórico. Además reconoció que una isla meramente turística sin arte ni ofertas culturales no tendría futuro. Después de convencer a los responsables del Cabildo fundó una institución, siendo Manrique su presidente honorario como director del museo. Fue él quien facilitó una colección moderna considerable, cambiando cuadros propios por otros. Es evidente que fue Manrique quien dirigió las obras de renovación, modificando lo menos posible. Diseñó un entorno tranquilo, sereno, adecuado a las obras de arte, sin sobrepasarlas. Y Manrique sabe de modo magistral el

DEUTSCH

Schon 1968, gleich nach seiner Rückkehr auf die Insel, regte César Manrique an, das Castillo de San José renovieren zu lassen und darin ein Museum für zeitgenössische Kunst (Museo Internacional de Arte Contemporáneo) einzurichten.
Einst war die Festung in den Jahren 1776–1779 erbaut worden, weniger um den Hafen von Naos vor Arrecife militärisch zu sichern, es gab nichts mehr zu verteidigen. Vielmehr leistete König Carlos III. mit dem Bau des Castillos Hungerhilfe. Von 1703 bis 1779 litten die Lanzaroteños unentwegt Not.
Erschwerend hinzu kamen die gewaltigen, existenzzerstörenden Vulkanausbrüche, die zwischen 1730 und 1736 das fruchtbare Land vernichtet hatten. So versuchte die spanische Krone mit dem Fortaleza del Hambre (Hungerfort) Arbeit zu beschaffen und ein Überleben zu erleichtern. Claudio Lisle ließ die Festung siebzig Meter über dem Hafen von Arrecife errichten. Bis 1890 benutzte man die Festung als Pulverkammer, dann stand sie leer.
Erst César Manrique sah in dem Bauwerk wieder einen Sinn, er wollte es als Geschichtsdokument enthalten.
Zudem erkannte Manrique, daß eine bloße Touristeninsel ohne Kunst und kulturelles Angebot keine Zukunft habe. Nachdem er die Verantwortlichen der Inselverwaltung überredet hatte, gründete er eine Institution, der er als ehrenamtlicher Museumsdirektor vorstand. Und er ermöglichte eine moderne Sammlung, die sich sehen lassen konnte, indem er seine eigenen Bilder gegen die anderer eintauschte. Es versteht sich von selbst, daß er auch den Umbau leitete. Manrique veränderte dabei so wenig wie möglich. Er

ENGLISH

As far back as 1968, straight after his return to the island, César Manrique proposed that the Castillo de San José should be renovated and used as a museum of contemporary art (Museo Internacional de Arte Contemporáneo).
The fortress had originally been built between 1776 and 1779, but not so much in order to give military protection to the harbour of Naos situated in front of Arrecife, as there was nothing left to defend. Rather, King Carlos III had the Castillo built as a form of famine relief. From 1703 to 1779, the Lanzaroteños suffered from continuous famine.
An additional hardship was the violent volcanic eruptions that between 1730 and 1736 destroyed the fertile land and with it the means of subsistence. So the Spanish throne attempted to create work and facilitate survival by having the Fortaleza del Hambre (Hunger Fort) built. Claudio Lisle ordered the fort to be built seventy metres above the harbour of Arrecife. Until 1890 it was used as a gunpowder store, after which it stood empty.
It took César Manrique to rediscover a meaning in the building; his idea was to preserve it as a historical document. He also realized that a mere tourist island without art or culture would have no future. After persuading those responsible in the island's administration, he founded an institution with himself as its honorary museum director. And by offering his own pictures in exchange for others, he helped to create a collection of modern art that is well worth a visit.
He himself of course also directed the conversion works, changing as little as possible. He created a tranquil, serene

valerse de lo ya existente, modificándolo ligeramente. La escalera es ya una obra de arte en sí, la cual conducía antiguamente a la cisterna y ahora es el descenso al restaurante construido posteriormente. Es una escalera de piedra que comienza en una estancia abovedada y continúa hacia abajo como una interrogación; la estancia misma, primeramente alta y abierta, se convierte en un túnel blanco que al igual que la escalera está iluminada por la parte inferior.

El restaurante con su fachada de cristal arqueada deja la vista libre hacia el puerto y hacia Arrecife. Manrique lo bosquejó espontaneamente, sin haber dibujado un plano previamente, esparciendo simplemente cal por el suelo.

Hoy día se sienta aquí uno ante mesas cubiertas de cuero; hasta las lámparas de madera colgadas son originales elaborados expresamente para ello. Es realmente un acontecimiento, sobre todo de noche, el cenar aquí con unas vistas extraordinarias y música agradable, que se puede oir incluso en los servicios.

Manrique consiguió crear en el Castillo de San José un museo que proporciona calma al visitante, invitándole a permanecer, haciendo frente al mismo tiempo a las exigencias del mundo del arte. La inauguración se celebró en 1976 con grandes nombres: Alechinsky, Bacon, Botero, Dámaso, Dominguez, Francis, Leparc, Manrique, Millares, Miró, Picasso, Rompó, Tàpies y los dos coetáneos Luis Féito y Manuel Manpaso, quienes habían fundado junto con César Manrique en 1954 la Galería Clan en Madrid.

gestaltete eine ruhige, gefaßte Umgebung, die den Kunstwerken angemessen ist, sie nicht übertönt. Und Manrique versteht es meisterlich, schon Dagewesenes aufzugreifen, leicht zu verändern.

Allein die Treppe ist ein Kunstwerk; sie führte einst zur Zisterne und ist jetzt Abgang zu dem nachträglich angebauten Restaurant. Die Steintreppe, beginnend in einem gewölbten Raum, zieht sich wie ein Fragezeichen hinunter, der Raum selbst, zunächst offen und hoch, wird zu einem weißen Tunnel, der, wie die Treppe, von unten her beleuchtet ist.

Das Restaurant, das mit seiner geschwungenen Glasfront den Blick frei gibt hinüber zum Hafen und nach Arrecife, entwarf Manrique spontan, ohne gezeichneten Plan, er streute einfach den Grundriß mit Kalk auf die Erde.

Heute sitzt man in diesem Restaurant an schwarzen Tischen, die mit Leder bezogen sind, selbst die Holzlampen darüber sind eigens angefertigte Originale. Vor allem nachts ist es ein Erlebnis, hier zu speisen, bei herrlichem Blick und angenehmer Musik. Diese Musik wird selbst noch auf den Toiletten gespielt.

Manrique gelang im Castillo de San José ein Museum, das dem Besucher Muse vermittelt, das Lust macht, zu verweilen, und das den Ansprüchen der weltweiten Kunstszene standhält. 1976 wurde Eröffnung gefeiert, mit großen Namen: Alechinsky, Bacon, Botero, Dámaso, Dominguez, Francis, Leparc, Manrique, Millares, Miró, Picasso, Rompó, Tàpies und den beiden Altgenossen Luis Féito und Manuel Manpaso, die mit César Manrique zusammen 1954 die Galerie Clan in Madrid gegründet hatten.

environment that is appropriate to the works of art, and does not drown them. Manrique had the knack of using what was on hand, adapting it only slightly. Even the staircase that once led to the cistern, and now leads to the restaurant extension, is a work of art. Made of stone, it begins in a vaulted room and curves downwards like a question-mark, while the room itself, first open and high, becomes a white tunnel, lighted, like the staircase, from below.

The restaurant, whose sweeping glass façade affords a view across to the harbour and Arrecife, Cesar Manrique designed spontaneously, without drawing a plan, simply by shaking lime onto the ground to create the basic outline.

Today, visitors to the restaurant sit at black, leather-covered tables. Even the wooden lamps above them are specially produced originals. At night-time particularly, it is an experience to dine here with the magnificent view and pleasant music. The music even plays in the toilets.

In the Castillo de San José, Manrique has created a museum that gives visitors a feeling for artistic creation and tempts them to linger and browse, and that can stand the scrutiny of the international art scene.

1976 saw the opening ceremony, with big names: Alechinsky, Bacon, Botero, Dámaso, Dominguez, Francis, Leparc, Manrique, Millares, Miró, Picasso, Rompó, Tàpies and the two old comrades Luis Féito and Manuel Manpaso, who in 1954 had founded the Galerie Clan in Madrid with César Manrique.

DE CACTUS

ESPAÑOL

Incluso al cactus puso Manrique un monumento. En los alrededores de Guatiza y Mala, al norte de la isla, sorprenden campos enormes de cactus dedicados al cultivo de la cochinilla.

La cochinilla (coccus cacti), al igual que el higo de tuna (opuntia ficus indica), ha sido importado de Mexico y parasita sobre las paletas carnosas de los nopales; sus larvas proporcionan el colorante rojo del ácido del carmín muy apreciado antiguamente antes del descubrimiento de las anilinas.

En medio de este paisaje agrícola, al pié del molino de Guatiza, hizo instalar el gobierno siguiendo las ideas de Manrique un jardín de cactus. Delante de él se alza una reproducción libre en metal de ocho metros de altura del cactus pachycereus grandis.

Correspondía al estilo de César Manrique el convertir este lugar llano con sus caprichosos monolitos en un museo de cactus.

En 1850 los campesinos excavaron esta fosa manualmente, transportaron la lava suelta con carretas de burros hasta sus campos y cubrieron con ella el suelo para protegerlo de la sequedad. Los monolitos restantes no pudieron ser aplanados, la piedra era muy dura y no tenían máquinas aún.

Hoy crecen aquí 1420 especies, 9700 plantas en total. La mayoría de las especies de cácteas provienen de América, algunas pocas de Madagascar y de las Islas Canarias.

Unas crecen hasta dos o tres centímetros, otras alcanzan una altura de veinticinco metros como la caneja gigantea. La planta más destacable de las ex puestas es la euphorbia handiensis que habita exclusivamente en la isla de Fuerteventura.

DEUTSCH

Selbst dem Kaktus setzte César Manrique ein Denkmal. Um und bei Guatiza und Mala, im Norden der Insel, überraschen riesige Kakteenfelder, die zur Cochenillezucht dienen.

Die Cochenille-Laus (Cocus cacti) ist wie der Feigenkaktus (Opuntia ficus indica) aus Mexiko importiert. Die Cochenille-Laus schmarotzt auf den fleischigen Opuntienschaufeln, ihre Larven jedoch liefern den roten Farbstoff der Karminsäure, der vor der Entwicklung der Anilinfarben hoch begehrt war.

Mitten hinein in diese Agrarlandschaft, am Fuße der Mühle von Guatiza, ließ die Regierung nach Manriques Ideen einen Kakteengarten anlegen. Davor steht in Metall eine acht Meter hohe Kakteennachbildung, frei gestaltet nach dem Kaktus Pachycereus grandis. Es entsprach César Manriques Arbeitsweise, diesen abgetragenen Ort mit seinen bizarr herausgearbeiteten Monolithen in ein Museum der Kakteen zu verwandeln.

Um 1850 hatten die Bauern diese Grube in Handarbeit ausgehoben, das lockere Vulkangestein mit Eselskarren auf ihre Felder geschafft und damit die Muttererde abgedeckt, um sie vor Austrocknung zu schützen. Die verbliebenen Monolithen konnten nicht abgetragen werden, zu hart war das Gestein, es gab ja noch keine Maschinen.

Heute wachsen hier 1420 Arten, 9700 Pflanzen insgesamt. Die Mehrheit der Kakteenarten stammen aus Amerika, einige wenige aus Madagaskar und von den Kanarischen Inseln.

Manche sind mit zwei bis drei Zentimetern ausgewachsen, andere erreichen eine Höhe von fünfundzwanzig Metern, wie die Caneja gigantea.

ENGLISH

César Manrique even erected a monument to cactus. Around and at Guatiza and Mala, in the north of the island, the visitor is surprised by the gigantic cactus fields used for the cultivation of cochineal.

Like the fig cactus (opuntia ficus indica), the cochineal louse (coccus cacti) has been imported from Mexico. The cochineal louse is a parasite on the fleshy lobes of the opuntia, but its larvae supply the red dye of carmine acid, which was once greatly coveted, before the invention of aniline dyes.

Right in the middle of this agricultural landscape, at the foot of the mill of Guatiza, the government has had a cactus garden laid out according to Manrique's ideas. In front of it is an eight-metre metal cactus statue, loosely based on the cactus pachycereus grandis. Turning this eroded place with its bizarrely weathered monoliths into a museum of cacti in this way was typical of César Manrique's way of working.

Farmers had dug this pit by hand around 1850. They had transported the loose volcanic rock to their fields by donkey-cart to protect the fields from drying out. The remaining monoliths could not be removed as the rock was too hard – in those days there were no machines.

Today, 1420 species grow here, with a total of 9700 plants. Most of the cactus species come from America, a few come from Madagascar and the Canary Isles. Some of them are fully grown at two to three centimetres, while others such as the caneja gigantea attain heights of twenty-five metres.

The most remarkable specimen on show is the euphorbia handiensis, which grows exclusively on Fuerteventura.

FUNDACIÓN CÉSAR MANRIQUE

En su diario inédito de Nueva York César Manrique escribió sobre su añoranza por Lanzarote. Entonces aún no estaba seguro de dónde instalar su estudio definitivo. Su deseo de vivir con la lava lo realizó dos años más tarde en su propia casa que construyó en Tahíche, en la que vivió hasta 1987 y que en 1992 legó a sus conciudadanos como fundación.

En estilo cúbico lanzaroteño edificó sobre cinco burbujas volcánicas, encima de una corriente de lava azulnegra, una obra arquitectónica maestra. Hábilmente integró las concavidades en el plano de 1500 metros cuadrados de superficie habitable. Las burbujas volcánicas, con profundidad de sótano, enlazadas por tubos recorribles se convirtieron en templos a las musas, cada una en un color diferente. Este palacio transmite sugestivamente la idea de Manrique de una arquitectura integrada en el paisaje. En la burbuja roja crece una higuera, enraigada aquí ya anteriormente, hacia arriba directamente hasta la sala de estar que hoy día es sala de exposiciones mostrando la colección privada de Manrique. Su obra: pintura, dibujos, esbozos, esculturas, cerámica, fotos y planos de obras realizadas y no realizadas.

En la inauguración en marzo 1992 Manrique, de setenta y tres años de edad, vió realizarse su sueño. El consideraba la fundación como la remuneración por la labor realizada en su vida:

"La fundación es la herencia personal que yo voy a dejar al pueblo de Lanzarote y espero que sirva para mantener viva la promoción del arte, la integración de la arquitectura en la naturaleza, el medio ambiente y conservar los valores culturales y naturales de nuestra isla."

In sein unveröffentlichtes Tagebuch von New York schrieb César Manrique 1966 über sein Heimweh nach Lanzarote. Er war sich damals noch nicht sicher, an welchem Ort er sein endgültiges Atelier einrichten sollte. Seinen Wunsch, mit der Lava zu leben, verwirklichte er sich zwei Jahre später in seinem eigenen Haus, das er in Taro de Tahíche baute, bis 1987 bewohnte und 1992 in Form einer Stiftung seinen Mitbürgern vermachte.

In lanzarotinischer Kubenform errichtete er über fünf vulkanischen Blasen ein architektonisches Meisterwerk auf einem blauschwarzen Lavastrom. Geschickt bezog er die Hohlräume in den Grundriß der 1500 Quadratmeter großen Wohnfläche mit ein. Die kellertiefen Vulkanblasen, mit begehbaren Röhren verbunden, wurden Musentempel, jeder in einer anderen Farbe gehalten. Dieser Palazzo vermittelt eindrucksvoll César Manriques Idee einer landschaftsbezogenen Architektur. Aus der roten Vulkanblase wächst ein schon vorher hier verwurzelter Feigenbaum herauf, direkt in das darüberliegende Wohnzimmer, das heute Ausstellungsraum ist, in dem die Privatsammlung Manriques gezeigt wird. Zu sehen ist Manriques Werk: Gemälde, Zeichnungen, Skizzen, Skulpturen, Keramik, Fotos und Pläne realisierter und nichtrealisierter Werke.

Für den bei der Eröffnung Dreiundsiebzigjährigen ging im März 1992 ein Traum in Erfüllung. Er betrachtete die Stiftung als Lohn seiner Lebensarbeit:
„Die Stiftung, welche ich der Bevölkerung von Lanzarote hinterlasse, ist mein persönlicher Nachlaß und ich hoffe, sie möge zur Förderung der Kunst dienen, die Einheit zwischen Architektur und Natur, die Umwelt, lebendig erhalten, und die Werte der Natur und Kultur unserer Insel bewahren."

In his unpublished New York diary, César Manrique wrote in 1966 of his homesickness for Lanzarote. At the time he was still undecided as to where to set up his permanent studio. His desire to live with the lava was put into action two years later in his own house which he had built in Taro de Tahíche, and which he lived in until 1987. He donated it to his fellow citizens as a foundation in 1992.

Above five volcanic bubbles, on a blueblack lava flow, he built an architectural masterpiece in Lanzarotean cubic form. He cleverly integrated the caverns into the basic outline of the living area of 1500 square metres. The cellar-deep volcanic bubbles, connected by tunnels, became temples to the muse, each in its own different colour. This palazzo is an impressive example of Manrique's idea of landscape-related architecture. A fig-tree which had already taken root previously grows up from the red volcanic bubble into the living-room above, now an exhibition room in which Manrique's private collection is displayed. On show are works by Manrique: oil paintings, drawings, sketches, sculptures, ceramics, photographs and plans both of works actually carried out and works never produced.

For Manrique, who was seventy-three at the inauguration in March 1992, it was a dream come true. He regarded the foundation as the reward of his life's work:
"The Foundation is my personal testament which I bequeath to the people of Lanzarote, and which I hope will serve to keep alive the promotion of art, the integration of architecture into nature, the environment, and preserve the cultural and natural values of our island."

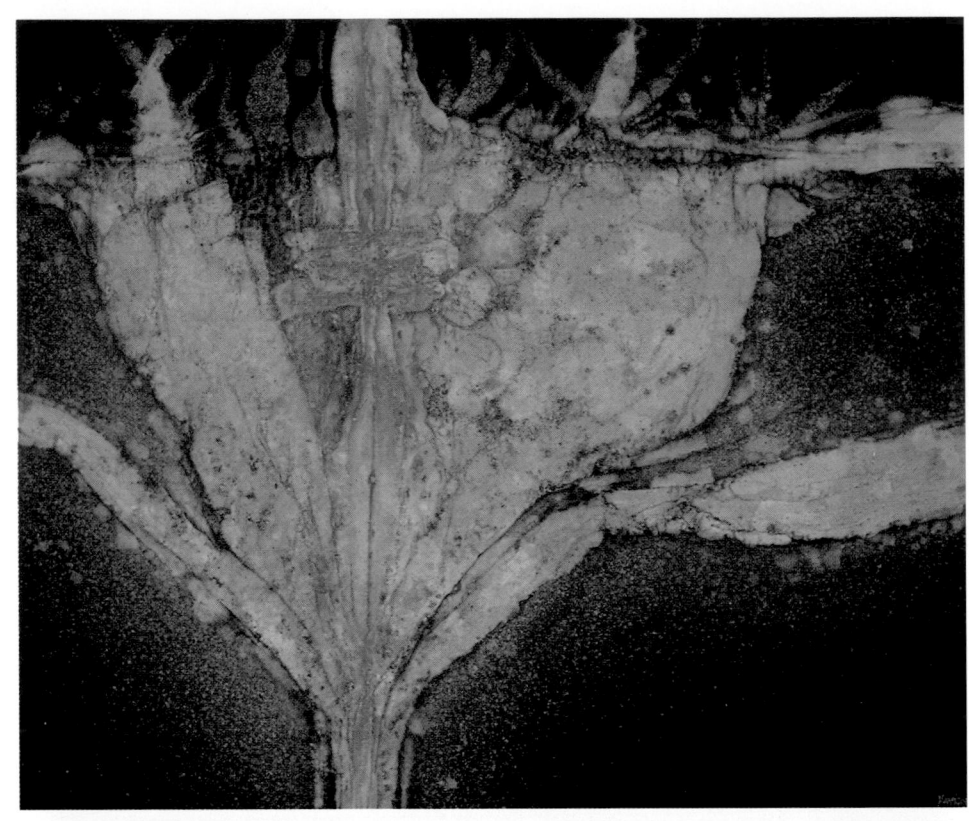

CÉSAR MANRIQUE

ESPAÑOL

César Manrique – pintor, escultor, arquitecto, ecologista, conservador del patrimonio artístico, consejero de construcción, planeador urbanístico, diseñador de paisajes y jardines – fue el personaje más sobresaliente entre los artistas de Lanzarote, más aún, de todo el archipiélago canario. Este hombre lleno de temperamento, sencillo y amable nació el 24 de abril de 1919 en Arrecife. En 1937 cuando vivía con su familia en Las Palmas de Gran Canaria entró en el servicio militar en Ceuta, siendo trasladado más tarde al frente en Cataluña.

A su regreso a Lanzarote, tres años después, tuvo los primeros éxitos en exposiciones. En 1945 se trasladó a Madrid donde comenzó sus estudios con ayuda de una beca en La Escuela de Bellas Artes de San Fernando. En 1950 se graduó como profesor de arte y pintor. En 1953 comenzó con la pintura abstracta, lo cual en la época franquista significaba tanto como una revolución y un año más tarde expuso sus obras junto con sus amigos Manuel Manpaso y Luis Féito, ambos de su misma ideología. A fines de los cincuenta, Manrique ya era conocido en Madrid. Sus cuadros fueron expuestos en las grandes capitales europeas, en Japón y en EEUU, llegando a ser conocido así internacionalmente.

Recibió los primeros premios y fue elegido primeramente para la 28ª Bienal de Venecia, y de nuevo cuatro años más tarde. En 1966 se trasladó a Nueva York habiendo recibido un llamamiento del Instituto Internacional de Educación Artística. Pocas semanas después de su llegada lo contrató la galerista Catherine Viviano. De pronto, sus cuadros estaban colgados junto a los de su famoso

DEUTSCH

César Manrique – Maler, Bildhauer, Architekt, Ökologe, Denkmalpfleger, Bauberater, Siedlungsplaner, Garten- und Landschaftsgestalter – er war die herausragende Künstlerpersönlichkeit Lanzarotes, mehr noch, des gesamten Kanarischen Archipels. Der temperamentvolle, unkonventionelle, freundliche Mann wurde am 24. April 1919 in Arrecife geboren. 1937, er wohnte mit seiner Familie gerade in Las Palmas de Gran Canaria, wurde er einberufen nach Ceuta und später an die Front Kataloniens versetzt.

Drei Jahre später, zurückgekehrt nach Lanzarote, folgten erste Ausstellungserfolge. 1945 siedelte er nach Madrid um, wo er, von einem Stipendium unterstützt, an der Kunstakademie La Escuela de Bellas Artes de San Fernando zu studieren begann. 1950 legte er sein Examen als Kunsterzieher und Maler ab. 1953 begann Manrique mit der abstrakten Malerei, was im Franco-Spanien einer Revolte gleichkam, und stellte ein Jahr später zusammen mit seinen gleichgesinnten Freunden Manuel Manpaso und Luis Féito aus. Ende der fünfziger Jahre hatte sich Manrique in Madrid einen Namen gemacht. Es folgten Ausstellungen in den großen Städten Europas, Japans und den USA, die ihn auch international bekannt werden ließen.

Er erhielt die ersten Preise, wurde erstmals für die 28. Biennale in Venedig ausgesucht, vier Jahre später erneut. 1966 erfolgte der Umzug nach New York, wohin er eine Berufung an das Internationale Institut für Kunsterziehung erhalten hatte. Wenige Wochen nach seiner Ankunft erhielt er einen Vertrag bei der Galeristin

ENGLISH

César Manrique – painter, sculptor, architect, ecologist, monument conservationist, building consultant, planner of housing estates, garden and landscape designer – was the most outstanding artistic personality of Lanzarote, indeed of the entire Canary Isles. This impetuous, unconventional, friendly man was born in Arrecife on 24th April 1919. In 1937, while he was living in Las Palmas de Gran Canaria with his family, he was called up to Ceuta and later sent to the front in Catalonia.

Returning to Lanzarote three years later, he had his first exhibition successes. In 1945 he moved to Madrid, where he began his studies at the art academy La Escuela de Bellas Artes de San Fernando, for which he received a grant. In 1950 he passed his examination as an art educator and painter. In 1953 Manrique began painting abstracts, which in Franco's Spain was tantamount to revolt, and one year later exhibited his works alongside those of his like-minded friends Manuel Manpaso and Luis Féito. By the late fifties Manrique had made a name for himself in Madrid. There followed exhibitions in the major cities of Europe, Japan and the USA, which gave him international renown.

He was awarded his first prizes, was selected for the first time for the 28th Biennale in Venice, and four years later was selected again. 1966 saw his move to New York, where he had been given an appointment at the international institute of art education. A few weeks after his arrival he was given a contract by gallery owner Catherine Viviano. Suddenly, works by Manrique were hanging next to those of his famous compatriot Joan Miró, and alongside

paisano Joan Miró y junto a Max Beckmann. En 1968 viajó Manrique directamente de Nueva York a Lanzarote encontrándola tal y como la había dejado. Tenía la sensación de que la isla lo necesitaba. Se convirtió en su abogado y ellos lo proclamaron como tal. Su incansable afán de actividad, su tenacidad, sus grandes facultades y no por último su gran fama internacional posibilitaron la realización de las ideas manriqueñas en Lanzarote.

Junto con su amigo de juventud José Ramírez Cerdá, en aquella época presidente del Cabildo Insular, consiguió imponer hábilmente sus proyectos de construcción. El empleado del Cabildo Luis Morales fue para Manrique el compañero ideal. Como práctico de la construcción supo realizar las ideas de Manrique.

Manrique no hacía planos. Los edificios y los detalles de construcción los trazaba en el mismo lugar, verbalmente, a veces hacía un esquema en una servilleta o hacía un plano directamente con cal que echaba en el suelo, como sucedió en la construcción del restaurante en el Castillo de San José. Para Manrique el plano estaba en el terreno, en el mismo lugar, no en el estudio, es donde hay que trazarlo, rechazarlo y corregirlo. El arriesgaba algo, no necesitaba la seguridad de un plano, él se entregaba de lleno a un proceso creativo abierto, que también podía fracasar. Los planos de construcción fueron dibujados y autorizados a veces posteriormente, cuando la obra ya estaba finalizada. Manrique ha desempeñado un papel decisivo en la política configuradora de la isla, su influencia es visible en toda ella. Consiguió que las autoridades

Catherine Viviano. Plötzlich hing Manrique neben seinem berühmten Landsmann Joan Miró und neben Max Beckmann. 1968 reiste Manrique direkt von New York nach Lanzarote, das er so vorfand, wie er es verlassen hatte. Er hatte das Gefühl, die Insel brauche ihn. Er machte sich zu ihrem Anwalt und wurde zu ihrem Anwalt gemacht. Seinem unermüdlichen Tatendrang, seiner Hartnäckigkeit, seiner hohen Könnerschaft, und nicht zuletzt seinem internationalen Bekanntheitsgrad war die Realisierung der Manriqueschen Ideen auf Lanzarote zu verdanken.

Gemeinsam mit seinem Jugendfreund José Ramirez Cerdá, zu jener Zeit Präsident des Cabildo Insular (der Inselregierung), setzte er mit geschickter Hand seine Bauvorhaben durch. Der Cabildo-Angestellte Luis Morales war Manrique dabei ein kongenialer Partner. Als Baupraktiker verstand er die Ideen Manriques umzusetzen.

Manrique machte keine Pläne. Die Bauwerke und Baudetails entwarf er vor Ort, mündlich, manchmal skizzierte er auf einer Serviette oder streute den Grundriß mit Kalk direkt auf die Erde, wie bei dem Restaurant-Anbau an das Castillo de San José. Für Manrique lag der Plan im Gelände. Vor Ort, nicht im Atelier, mußte er entwerfen, verwerfen, korrigieren. Hier wurde etwas gewagt. Manrique brauchte nicht die Sicherheit eines Planes, er begab sich in einen offenen kreativen Prozeß, der immer auch scheitern konnte. Die Baupläne wurden oft erst im nachhinein gezeichnet und genehmigt, wenn der letzte Handschlag längst getan war. Manrique hat die Gestaltungspolitik geprägt, auf der gesamten Insel ist sein Einfluß erkennbar. Er konnte bei den

those of Max Beckmann. In 1968 Manrique travelled straight from New York to Lanzarote, which he found exactly as he had left it. He had the feeling the island needed him. He made himself its champion, and was made its champion. That Manrique's ideas were carried out on Lanzarote, is all thanks to his tireless energy, his persistence, his immense abilities and last but not least his international fame.

Together with his friend from youth, José Ramirez Cerdá, who at the time was president of the Cabildo Insular (island government), he skillfully put his architectural projects into operation. Luis Morales, an employee of the Cabildo, was a sympathetic partner in all this. As a practical builder, he had the skills needed to execute Manrique's ideas.

Manrique never drew up plans. He designed buildings and details of buildings on site, verbally; sometimes he made a sketch on a serviette or shook lime on the ground to indicate the outline of a building, as he did with the restaurant extension to the Castillo de San José. For Manrique, the construction design lay in the terrain itself. He needed to design, modify, change his mind, on site, not in a studio. Manrique had no need of the certainty offered by a plan; he would launch himself into an open-ended creative process, which of course could always go wrong. The construction plans were often drawn up and approved after the event, long after the actual work had been completed.

Manrique shaped planning policy on the whole island, and his influence can be seen everywhere. He managed to convince the authorities to impose a

prohibieran terminantemente los carteles publicitarios y que los cables del teléfono y de alta tensión fueran colocados en parte bajo tierra. Fomentó la forma de construcción cúbica tradicional. Una casa puede crecer. Los lanzaroteños comienzan con una o dos habitaciones. Cuando aumenta la familia añaden cubos de uno o dos pisos, alineados alrededor de un patio y del aljibe.

La idea de Manrique era la armonía con la naturaleza y la continuación de los procesos naturales. Quiso mantener la tradición y realizar una arquitectura integrada en el paisaje que esté en la proporción adecuada con el medio natural. Manrique sugería los proyectos, los planeaba, los realizaba sin cobrar por ello. Regaló su rabajo a los habitantes de Lanzarote. Manrique cuidaba la naturaleza. No la destruía al construir. Quiso proteger Lanzarote de la construcción salvaje, lo que consiguió en parte. César Manrique fue la fuerza motriz de una arquitectura humana. Ha marcado una pauta decisiva.

A la edad de setenta y tres años, sano, con gran vitalidad y ganas de vivir, luchando siempre por su patria Lanzarote, perdió su vida en un accidente de tráfico el 25 de septiembre de 1992.

Behörden ein generelles Reklameverbot durchsetzen und teilweise dafür sorgen, daß Telefon- und Hochspannungsleitungen unterirdisch verlegt wurden. Er förderte die traditionelle kubische Bauform. Ein Haus kann wachsen. Die Lanzaroteños beginnen mit ein oder zwei Räumen. Wächst die Familie, bauen sie neue ein- bis zweistöckige Kuben hinzu, die um einen Innenhof und die Zisterne angeordnet sind. Manriques Idee war der Einklang mit der Natur und die Fortsetzung natürlicher Vorgänge. Er wollte die Tradition bewahren und eine landschaftsbezogene Architektur verwirklichen, die im rechten Verhältnis zu den natürlichen Gegebenheiten stehen sollte. Manrique regte die Projekte an, plante sie, setzte sie durch, nahm aber kein Honorar. Er schenkte seine Arbeit den Einwohnern Lanzarotes. Manrique schonte die Natur. Er verbaute sie nicht. Und er wollte Lanzarote vor Verbauung schützen. Teilweise ist ihm das gelungen. César Manrique war der Motor für eine humane Architektur. Er hat maßgebliche Akzente gesetzt.

Mit dreiundsiebzig Jahren, gesund und voller Vitalität und Lebensfreude, noch immer für seine Heimat Lanzarote kämpfend, kam er am 25. September 1992 bei einem Verkehrsunfall ums Leben.

universal ban on advertising and partly also to ensure that telephone and high voltage cables were laid underground. He encouraged the traditional cubic form of architecture. A house is capable of growth. The Lanzaroteños start with one or two rooms. When a family grows, they add cubes of one or two storeys, arranged around a central courtyard and the water-tank.

Manrique's idea was harmony with nature and the continuation of natural processes. He wanted to preserve tradition and achieve a landscape-related architecture that was in proportion to its natural surroundings. Manrique made proposals and plans and ensured that projects were carried out, but never accepted any fees. He donated his work to the inhabitants of Lanzarote. Manrique spared nature. He did not choke her with buildings. And he wanted to protect Lanzarote from over-development. In part, he succeeded. César Manrique was the motor of a humane architecture, and his influence was in many respects decisive.

At the age of seventy-three, still in good health and full of vitality and the joy of living, he died in a road accident on 25th September 1992.

1.º Reimpresión

Texto: Wolfgang Borsich
Fotografía: Pedro Velázquez,
Wolfgang Borsich, Walter Fogal
Layout: Wolfgang Borsich,
Margrit Sickert, Pete
Traducción: Agencia Begoña Ricken
Paderborn, Alemania
© Texto, Fotografía, Layout
Editorial Yaiza, S.L.:
I.S.B.N.: 84-89023-00-X
Depósito Legal: M-40171-2001
Imprime: Cromoimagen, S.L. Albasanz, 14 Bis. 28037 Madrid